LA ÓRBITA DEL DESEO

Una danza eterna

FSC
www.fsc.org
MIXTO
Papel procedente de
fuentes responsables
Paper from
responsible sources
FSC® C105338

LA ÓRBITA DEL DESEO

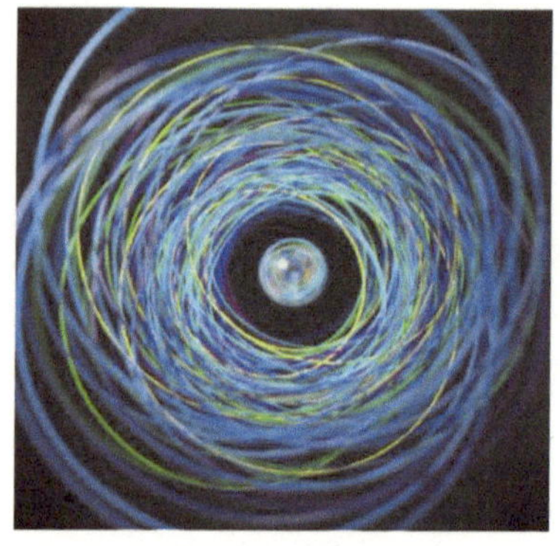

Una danza eterna

Francisco Muñoz-Martín

Impresión y editorial: BoD – Books on Demand
info@bod.com.es - www.bod.com.es
Impreso en Alemania – Printed in Germany
ISBN: 9788413733241

Dedicatoria:

*A toda la buena y convencida gente
de que en este mundo traidor
hay mucha vida antes de la muerte*

Tabla de contenido

" Nuestra imagen es un espejo del otro"

"Lo que vemos en los demás dice mucho de nosotros mismos"

TODOS SOMOS ESPEJOS DE LOS DEMÁS…
Y LOS DEMÁS, NUESTRO ESPEJO.

¿De qué Adán anterior al Paraíso,
de qué divinidad indescifrable
somos los hombres un espejo roto?

Jorge Luis Borges : Beppo
La cifra. 1981

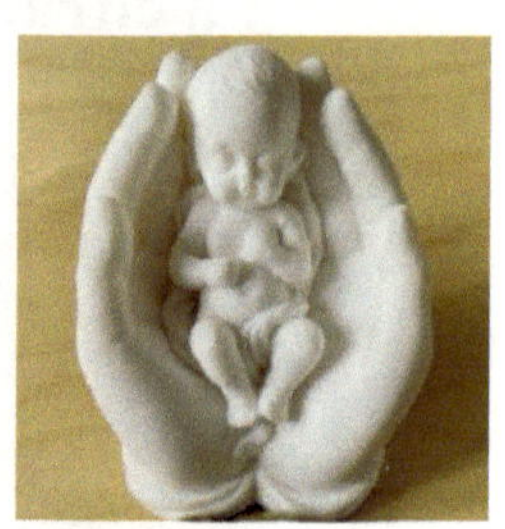

La mujer-madre,
como germen de la vida,
a este mundo felón
vino para ser comprendida…
¡y más que nada!…
para ser amada,
con devoción.

¿Y el amor?:
"Ese manjar de nuestra vida" …
¿No enmascara locura?…
¿Pero, qué sería la locura…
sino …el antifaz de la razón?

"MITOGÉNESIS DEL "PADRE"

Rastreando al padre, al hijo y al espíritu puro…
El orgullo y el candor de Lilith

Aparentemente de la nada…
tras un arrebato de "pasión" …
ELLA surgió del Universo.
De aquel caos primordial,
lentamente, -narra la mitología-,
emanó lo sempiterno femenino…
y surgió "LA MUJER".
Cuenta la gente sabia,
que para vencer la soledad
y su melancolía,
una "semilla etérea"
fecundó su vientre.
Y, cuando el fruto estuvo maduro,
"LA MUJER" parió un varón…
su primer hijo,
El primer vástago
que desconocía su origen
y también su nombre.
…
Pasado algún tiempo,
"LA MUJER",
amante de su inmensa obra
y esclava de su soledad,
buscó con ardor
aquel producto de ella misma,
"uniéndose"

con aquel joven varón,
que desde su nacimiento
la contemplaba embelesado.
De aquel reencuentro
nació la fascinación
y "el inmenso amor"
maternofilial.
...
Pero aquella ilusión,
aquel devoto espejismo,
se transfiguró en frenesí;
en un delirio de posesión despótica,
y en un juego de dominio exaltado.
Aquella fusión malograda
se desfiguró íntegramente,
trastocándose el fervor en odio.
La fascinación se fragmentó,
y aquella luz inicial, tan creativa,
se cubrió de penumbras.
El hijo cautivado, y cautivo
por aquella "MUJER" primordial,
decidió alejarse del álveo materno
para indagar su genuina identidad,
-su verdadero origen-
y su "desconocido nombre".
Aquel infortunio
sajó la carne efímera
y alumbró el "VERBO".
Con susurros y aullidos,
aliviando sus heridas,
la mujer cardinal

y el atribulado joven
engendraron música y poesía.
Con aquellas aciagas resonancias,
y creyéndose dioses,
intentaron recrear de nuevo
su propio y peculiar destino,
otorgando inéditos nombres
a la vida, a la muerte
al amor y también al odio…
configurando el ideal
de un proyecto de la creación.
De aquí nació la "IDEA",
la esencia y la existencia
del "Supremo Hacedor",
germen de aquella semilla etérea,
creador de una función benefactora,
y del modelo de filiación…
"como alegoría del PADRE".

CAPITULO I

EQUINOCCIO DEL ALBA

EL NIÑO SABIO

Siendo niño me sentía
una estrofa inacabada,
un acorde disonante,
un folio en blanco
o una cuartilla pautada
por interminables líneas rectas
vacías y desamparadas.

La pesadumbre de nubes negras
sentía en mi frente, oh, Dios…
con tanta frecuencia…
Por error me creí
ser víctima
de un pacto satánico…
pasional, etéreo yególatra,
suscrito por quienes
me trajeron al mundo,
encajándome en este universo
mezquino y de parca nobleza.

Pero quise llegar ser
algo más que un espíritu doliente:
ni mal de muchos
ni consuelo de tontos.
Quise escalar el monte de la vida.
y probar sus frutos prohibidos.
Me lancé neciamente a franquear
el espesor de la astuta

y tenebrosa jungla social,
para intentar comprender
la vanidad y la torpeza
de la perenne estupidez humana.

Ingenuo fui como un ser inocente,
como lo senil aniñado,
y como una promesa de futuro
en este cosmos
enigmático e indescifrable.

Siempre anhelé recuperar
el candor, la honradez y la pureza
de lo pueril amoroso,
huyendo de la deslealtad ajena,

y soñando transmitir a mis hijos,
como a los "hijos de mis hijos",
la fuerza de la vida
y toda la pura ilusión
de nuestra pueril experiencia.

NO TE VAYAS…QUÉDATE UN POCO MÁS

(NANA)
letra y música: Francisco Muñoz-Martín
(www.franciscomuñoz-martin.es)

No te vayas papá…
No te vayas mamá…
Quédate más conmigo,
Quédate un poco más,

Duérmete ya mi niña.
Duérmete ya, mi amor.
Que se ha hecho de noche.
La luna ya salió
y si te ve despierta
triste se quedará.
Cerrará sus ojitos
y se pondrá a llorar

No te vayas papá…
No te vayas mamá…
Cuéntame otro cuento.
Quédate un poco más.

Claro que sí cariño.
Algo te voy a contar.
Para que estés tranquila
Sola en la oscuridad.
El cuento de un angelito

que a tu lado estará,
para que al día siguiente
te ayude a despertar.
No te vayas papá…
No te vayas mamá…
Quédate más conmigo.
Quédate un poco más.

A PAOLITA

Naciste, niña bonita,
un día de luna llena.
Naciste muy morenita,
nos regalaste una estrella.
Aquella tarde tu padre
sintió contigo en los brazos,
que el corazón de tu madre
se abría en canal para darnos
una promesa de vida,
una futura mujer,
una nietita, una hija,
y un hermoso amanecer.
Cuídate niña bonita
de agravios y de alabanzas.
Persigue siempre tus sueños.
Nunca pierdas la esperanza.

PERPETUO RETORNO

Ara

Me ofreció el hechizo de su canto,
como una sirena sedienta de amor,
y me embriagué de todo su cuerpo
embebido de su aliento y de su voz.

Aojado por el murmullo de sus labios
tiernos y adorables, y con pasión,
me hundí en lo profundo
de su alma oceánica…
y en su corazón.
Su fino cuerpo de ondina vestí
con abalorios de pálido tornasol,
fundiéndome como vidrio incandescente
en la espesura de su vientre
combativo y provocador,
para venerarla por fin como a una diosa
del aire, del agua, de la tierra …
y del violento fuego abrasador.
Nos consagró la hermosa primavera,
joven, tierna y fresca.
Con inmensa ilusión
comenzamos a exfoliar, por momentos,
las hojas trémulas
de aquella ufana posesión,
imaginando un perpetuo retorno
de eufonías y equinoccios etéreos,
para cada reencuentro amoroso,
escoltados por la órbita del sol.

CARPE DIEM

Nada de futuros inciertos.
Disfrutar con ella el presente,
es lo que único que quiero,
en cada instante del día,
haciendo de todo el porvenir…
un recorrido eterno.

GRAVIDEZ

¿Pero qué son
el hombre y la mujer,
entrañables desconocidos,
pero siempre embelesados
por la fuerza de un código celestial,
la soberbia ley de atracción
que sustenta el universo?...

¿Pero qué son
el hombre y la mujer,
en su entrega, formidables,
eternamente esclavos del deseo,
siervos de misterios legendarios,
indefinidamente cautivos
de una utópica libertad?

ENSUEÑO

Sueño con mi compañera
desde el crepúsculo al alba
¡Oh!, delicada mujer,
tan enigmática.

Quizás todo sea un delirio
y que mi mente genere vesanias…
Lo presiento…
pero no me importa,
si pudiera ofrecerle aún
algo de amor limpio y sincero.

¡Ay!, si en su búsqueda
de un hombre irreal,
ella me recibiera un segundo,
un pequeño instante,
con la ilusión
de un presentimiento,
y se rindiera a mis manos,
sola e ignorante
del paso implacable del tiempo,
y del amargo final de los besos.

En mi ensueño
quiero imaginarla otra vez.
Tocar su seno.
Acariciar sus cálidos pies.
Y besar con pasión

su tersa y delicada intimidad
que destila miel.

Quiero que el mundo se detenga.
Quiero dilatar el tiempo.
Quiero paralizar la órbita celeste;
porque quiero vivir
este interminable goce,
reincorporándome una y otra vez
a su fecundo cuerpo.

EMPÍREO

Soneto a Gloria
(Letra y música: Fco. Muñoz-Martin)
(www.franciscomuñoz-martin.es)

Me llevaré a la cama sus palabras
esta noche de luna casi llena,
y en la soledad, ya entre mis sábanas,
me embriagará su canto de sirena.
¿Qué te pide una mujer cuando te quiere?
¿Qué te entrega su alma misteriosa...
¿Qué ideales del pasado te transfiere?
¿Cómo agasajar su espíritu de diosa?
Solo hay una forma de comprenderlo:
¡mírale a los ojos profundamente,
y dile que merece ser amada!
Y que tú, sin apenas merecerlo,
deseas llegar a ser su confidente,
su amante y el faro de su mirada.

ORQUÍDEA MERIDIONAL

Resplandecientes y claros ojos.
Transparente mirada.
Sonrisa indescifrable.
¡Qué fruta jugosa
encubre su boca
de amapola en flor…!
¡Qué jubilosa miel
destilan los misteriosos labios
ocultos bajo su vientre
de mujer apasionada!
¡Ay!, si me ofrendara su jardín,
donde florecen sus pechos
como ramos de azucenas…
Entonces aspiraría su aroma
de orquídea meridional
haciéndola tremolar
como cuerdas de guitarra añeja.
Templaría sus dorados cabellos
con mis dedos de poeta,
dibujando un arco iris
sobre su espalda tersa.
Y gemiría enamorado
besuqueando su cuerpo
de amazona caribeña.

¡Ay!, si me devoraran

sus carnosos labios,
mientras intenta domesticarme,
como a un potro salvaje,
galopando a pelo
sobre mi vientre indomable.

A MI HIJA PRIMOGÉNITA

(Soneto)

Un día de primavera naciste

en tierras de una Liguria estremecida.

Fuiste mi primogénita querida

y en el mar mediterráneo pusiste,

junto a tus padres, la huella de un sueño

pleno de esperanzas y devociones;

de amor, de amistad y de abnegaciones,

para al fin respirar aire madrileño.

De Génova en tus ojos va la luz,

el espíritu de un país afable

y la garra de su gloria especial.

Y en tu cuerpo de mujer un trasluz

de lo bello, lo agraciado y lo estable

de una persona exclusiva y vital.

DE TAL SIMIENTE... LA BUENA GENTE

"Un singular brote de primavera"
(Al benjamín de la familia: con infinito amor de padre)

Una noche estrellada,
de brumas celestes,
fuiste concebido
por obra y gracia
de un abrazo infinito.
Mientras que,
junto a nosotros,
espíritus marinos
y peces de plata,
jugaban con olas
de blanco algodón.
Tu madre extasiada
miraba la luna en el cielo.
Y yo, a su lado,
buscaba con ardor
un deslumbrante lucero.
Nuestros corazones,
por aquel entonces,
palpitaban al unísono,
arrebatados por ráfagas
de auténtica ilusión.
Tu presencia tan deseada,
pero escondida en el cielo,
nos escoltó silenciosamente,
surcando el mar
en un crucero de sueños
y renacidas esperanzas,
con las velas azotadas
por el viento estival.
Nueve meses después
traspasaste el umbral de la vida

y tu presencia de ángel
se hizo carne potente
y enérgico deseo,
junto a nosotros dos.
Cuánto pude amarte
hijo mío anhelado,
viéndote nacer
tan frágil e indefenso,
semejante a una avecilla
surgiendo de un delicado huevo.

Tu madre resplandecía
como la luna llena,
contigo aferrado a su pecho.
Y cuando te amamantaba
parecía una tierna leona,
con su cría en los brazos,
aliviando la tensión
de su cachorro hambriento.
Creciste discreto
como un retoño acrisolado,
descubriendo el placer de vivir
desde muy temprano.
Eras fuerte y saludable
sensible y juguetón,
travieso, amable y cariñoso.
Por eso a todas horas
daba gracias a la vida
al linaje de tu madre
y a toda la estirpe mía,
por haberte engendrado
masculino y dichoso.
Nunca pude imaginar
que un día con siete años
silencioso, y tras de mí,
siguiendo mis pasos,
mientras plantaba un capulín,

me dijeras al oído
para ayudarte…padre…
yo he nacido,
para estar a tu lado
para trabajar contigo.

Te abracé con la mirada
recio hijo mío.
Me quedé sin palabras
enjugando una lágrima
y ahogando un suspiro.
Si…ahora puedo y te lo digo:
aquel increíble día
conseguiste cicatrizar
profundas heridas
abiertas en mi alma
por cosas de la vida.
Naciste para ayudar:
qué gran verdad vástago mío
Viniste al mundo, en efecto,
para ayudarnos a vivir.
Porque desde entonces
y, ante todo lo demás,
desde que afloraste,
yo vivo y sobrevivo
sobre todo, para ti.
Para que algún día
puedas volar gallardo y libre
como los mirlos que se pasean
por nuestro jardín.
Y con el tiempo
y la mujer de tu vida
alcances a engendrar
otros muchos hijos
semejantes a ti.

"NUESTROS HIJOS"

"La paternidad compartida"
A Caterina, Clara, Claudia y Javier
(Soneto)

Bajo la santa parentalidad
suele esconderse un fantasma impuro,
y allí germina el egoísmo oscuro
de una trivial inhumanidad.
La santísima concepción de un hijo,
por obra de un amor sobrehumano,
donde padre y madre se dan la mano,
nunca debería ser el cobijo
de su inseguridad, ni su codicia.
Los hijos pertenecen a otro mundo
que no comandan los progenitores.
La manipulación es impudicia.
Convertirlos en rehenes… algo inmundo.
Y engañarlos…obra de corruptores.

Homenaje a la "INDIGNACION"
Movimiento 15M ("La unión hace la fuerza")

(A mis hijas Caterina y Claudia, sensibles frente a la injusticia).

Letra y Música: Francisco Muñoz-Martin Producción musical: Cargo Music Entertainment.
(www.franciscomuñoz-martin.es)

Sí se puede…sí se puede.

Unidos podremos…

Unidos, sí que se puede…

Poetas, jardineros,

compañeras, compañeros,

podemos el verso crispado,
podemos la rama corrupta,
podemos el árbol dañado.

Compañeras… compañeros.

Podemos, unidos podremos.

sublime verbo poder,

humilde verbo podar,

que ponen al pueblo en acción

para poder transformar,

su historia y la sociedad.

Podemos, unidos podremos.

Unidos vamos a poder

¡porque sí que se puede!

Poderosa convicción

nuestro espíritu de amor,

nuestra gran fuerza vital.

Podemos, unidos podremos.

sencillo verbo podar,

humilde y sabio recorte

que da fuerza y resplandor

a la vida, a la palabra,

y a nuestro corazón.

CAPITULO II

SOLSTICIO DEL ESTÍO

YACER

(A la Diosa de la fertilidad)

Dormir contigo
es como soñar
y atarme silenciosamente
a tus besos
de mariposa nocturna.
Dormir contigo
es como soñar
y deslizarme ávidamente
por tu cuerpo:
relámpago plateado.
Dormir contigo
es como vivir
para despertar una sonrisa
en tus labios
de orégano y agua pura.
Dormir contigo
es vivir… labrándome
una esperanza en tus ojos
devorados por la pena.
Dormir contigo
es como arar con mis manos
tu espigada cabellera.
…
Dormir contigo, mujer,
al final de nuestra vida,
será como cantar juntos una canción…
y despertar mil resonancias
que alimenten
nuestra música infinita.

A una destronada diosa de la noche

Quise donarte algo singular
con el fin de que lo guardaras
y te acompañara siempre,
si algún día necesitaras saber
que fuiste intensamente amada
por un hombre alguna vez.
Quise legarte algo peculiar
para que lo custodiaras
y te acompañara
perpetuamente
por si acaso te olvidaras,
y necesitaras reconocer,
que te hallaste
profundamente enamorada
de un hombre… alguna vez.
Mi obsequio, mujer inmensa,
fue, como trofeo de nuestro amor,
los hijos que engendramos juntos
y se criaron unidos con nosotros dos.
Mi ofrenda fue también
algunos versos,
metáforas inmortales,
que pusieron nombre,
a todas aquellas cosas,
posiblemente olvidadas,
que se gestaron hace ya tiempo…
hace mucho tiempo,
en nuestro corazón.

A la esperanza (que tiene nombre de mujer)

Misteriosa presencia inesperada.
En aquel momento de desolación,
con palabras y gestos de discreción,
reanimó mi alma desolada.
Donde habitaba, como hada perdida,
tentado estuve de ir a buscarla.
A punto estuve de desenmascararla,
sin pensar que podría, de nuevo,
desgarrarse mi herida.
Quise saborear aquel momento
engendrado por azar...
Pero el temor
limitó la furia del presentimiento vital
que me empujaba embriagador.
Por eso oculté mis sueños de libertad.
Y el hada misteriosa se retiró.
Y con ella, su palabra de bondad,
como luna nueva desapareció.
...
¿De una forma tan sencilla
se despertó mi esperanza?
¿Renacerá la semilla?
¿Traerá bienaventuranza?
¡Qué inmensa y feliz fortuna... ¡
¿Reaparecerá de nuevo la luna?

IN MEMORIAM
SONETO A M. TERESA R. DE B.
(Psicoanalista)
*(Porque me inculcó fuerza y ánimo para seguir
caminando)*

**Maestra en perspicacia que vislumbra
todo lo velado y por aprehender,
cual Virgilio me llevó a conocer
lo atávico y lo infernal que deslumbra.
Resplandor que todavía me alumbra
y presencia, que, sin dejarse ver,
como un guardián fue, haciendo florecer
la semilla enterrada en mi penumbra.
Atrapado en un pozo de inconsciencia,
esclavo estaba yo de mi amargura,
columbrando el origen de mi pena…
hasta que ella con tacto y con ternura,
templó mi obtusa y pueril impaciencia,
donándome su palabra serena.**

"ÁNGELES CAÍDOS"

"Las mujeres tienen en común con los ángeles una gran cualidad: los seres que sufren... son patrimonio suyo."
HONORÉ DE BALZAC

¿Quién,
alguna vez,
no fue un ángel caído...?
¿Quién,
en alguna ocasión,
por envidia,
no cayó en la tentación
de planear arrebatarle,
su trono a un dios.
¿Quién no se ha condenado,
alguna vez,
por amor?

¿Quién no ha bebido
la hiel amarga del odio?
¿Y quién no ha sentido
en su carne dolor?...

Mujeres y hombres,
humanos mortales,
pecamos de orgullo
y desenfrenada pasión,

porque, a fin de cuentas,
llevamos,
junto al ángel de la guarda,
un ángel caído
en nuestro interior.

AMANECER
(Como la alborada)

Reina fuiste,
coronada y profunda,
del cielo y el universo míos.
Abrigaste con tu piel
mi desnudez solitaria
de salvaje enamorado.
Pasaste por mis brazos
como una ola
dejándome en los labios,
con tus besos,
un sabor a canela
y el pálpito
de una blanca paloma.

Llegaste ardiendo
como una llama divina,
y juntos atizamos aquella hoguera
que fundió nuestros cuerpos
en un crisol,
como dos radiantes gemas:
un topacio y una turquesa.

Eras exuberante e impetuosa
como la primavera;
y brotabas como una alfaguara
cuando acariciaban mis manos
las parábolas de tus senos.
Fuiste para mí al fin
como una cascada interminable de luz
para mis ojos, torturados
por la nostalgia y el desconsuelo.

MUJER INMENSA
Como "una órbita celeste"

¡Cómo deseo despertarme contigo
para surcar el océano
de tus sueños en PRIMAVERA!
¡Cómo deseo amanecer contigo
eclipsando el sol estival,
para en VERANO refugiarme
en tu dorada cabellera.
Cómo deseo anunciarte
el alba en OTOÑO
y, tan solo para ti,
susurrarte al oído
ocres y dulces melodías,
junto a un quiquiriquí vivificante
y colmado de felices armonías.
¡Cómo deseo descubrir contigo
el despunte de la aurora
en pleno INVIERNO,
y acariciar con mis labios
la escarcha de tus mamas,
y tu mullido monte de Venus;
ofreciéndote albos,
cálidos y aromáticos fluidos
para calentar tu cuerpo.
Podría ser así, mujer,
nuestra órbita celeste.
Circular, inmensa y poética.

Ignorante del paso del tiempo.
¡Ay!, si pudiera estar
siempre a tu lado
haciéndolo todo infinito
y sempiterno.
¡Ay¡, si pudiera encadenarme a ti,
navegando el espacio celeste
tal y como lo hacen
día tras día
la luna y la tierra
en el cielo.
Entonces mujer,
con la sola fuerza de la vida
y con nuestro feroz deseo,
podríamos reproducir
un nuevo "Big Bang" de amor,
recreando otras galaxias
y nuevos universos.

Besando la brisa de la tarde
levante la mirada al cielo
acercándome a tu límpida imagen.

Navegando nubes de algodón
caí en el sueño de tus ojos
atrayentes como una luz nocturna.

Fue lo último que tuve para mí.
¡Cómo sería triste estar
distante de tu piel¡

Tuve tu mirada
clavada en mi frente
ayer y hoy
como la tendré mañana,
porque no quise
olvidar tu semblante.
Recordaré siempre
tus primeras palabras,
destilando almíbar en los labios…
y musitando frases
de amor púrpura.

Gracias a tu voz impresa
renací de nuevo
entre escombros de dulzura.

¡Ah!, inmensa mujer
sensible y fascinante…
serás siempre mi estrella polar
y mi musa.

CAPÍTULO III
EQUINOCCIO DEL OCASO

Todo me alejaba de ella
aquel otoño incierto.
…
Si miraba el semblante de la luna
y las ocres hojas
tostadas por el sol estival…

Todo me alejaba de ella
aquel otoño incierto.

Si acariciaba junto al fuego
la fosca ceniza
o el arrugado talle
de los troncos de leña…

Todo me alejaba de ella
aquel otoño incierto
Mi alma, por entonces,
era un pequeño bajel,
navegando embrujado
hacia la dársena de su vientre,
que me acechaba en celo.

El tiempo corría inexorable.
Doraban los extensos prados
girasoles y boronas incontables.
Y como una lluvia multicolor
las hojas caían de los árboles

Sin embargo…
aquel otoño incierto,
al parecer sin saberlo…
a veces con desaires…
muy poco a poco,
ella me dejó de amar…
y los dos dejamos de querernos…
¡Ay! aquel otoño incierto:
me desvelé sobresaltado
cuando soñé su mirada
como un dardo envenenado
arrojado contra mi corazón
con absoluto desprecio.
Intenté quererla de nuevo…
Pero ya era una estatua de sal…
aquel otoño incierto.
Intenté besarla…otra vez…
Pero me dijo…ya no te quiero.
Nunca llegué a saber ¿por qué?…
¿Por qué?... aquel otoño incierto.

Si de pronto me olvidas -le dije-
no me busques más,
porque ya te habré olvidado.
Si un día consideras veloz y loco
el viento que agita tus banderas
atadas al mástil de mi vida...
Si decidieras abandonarme
apartándome de tu corazón,
allí donde enraizó mi esperanza...
piensa que, -le dije-,
justamente ese mismo día,
sin vacilar un instante,
levantaré mis brazos
como alas batientes,
y arrancaré mis raíces
para cultivar otras tierras.
Pero si cada día,
y cada hora,
sientes que a mí estás destinada
con afán implacable;
si cada día sube
una flor a tus labios
para buscarme...
¡Ay!, amor mío
¡Ay! dichosa mía...
Entonces dentro de mí
la llama de la pasión
crecerá sin apagarse jamás.
Porque no te olvides
que mi amor se nutre de tu amor:
amada mía...
Y mientras cohabites conmigo
permaneceré encadenado a tus brazos,
amparándote siempre en los míos.

SONETO PARA REBECA G.:
(PSICOANALISTA)
"Porque no quiso vivir… durmiendo en un estéril jardín"
PIONERA SIN ESTATUAS

Antes de emprender su último vuelo
para ser devorada por la noche,
nos legó su palabra, como un broche
luminoso y rutilante de anhelo.
Como estrella universal en el cielo,
blanca y efímera flor del ojoche,
Rebeca, sin lamento y sin reproche,
nos dejó en la sombra del desconsuelo.
Mi voz tiembla de dolor y añoranza.
Hoy la gratitud inunda mis ojos
de cristales rotos como lágrimas.
Para mí fue una bienaventuranza,
una firme guía entre los abrojos,
una mujer pionera y magnánima.

Soneto a Pedro Boschán (Psicoanalista)

Nació junto al río Danubio, en Üjest
Fue su familia agnóstica y judía,
Los colores y la aureola de Hungria
marcaron su niñez en Budapest.
Auschwitz pudo ser su destino.
Pero América fue su medicina
Y su segunda patria Argentina,
le dio libertad, marcó su camino.
Alma infantil, vital e inagotable.
Explorador de oscuros continentes.
Buen padre y utópico idealista.
Firme y cordial, con su gesto agradable,
defendió siempre ideas clarividentes
siendo un excelente psicoanalista.

HOMENAJE A MI GRAN AMIGA MANUELA.
Psicoanalista

"En la adversidad conoceremos
A nuestros amigos verdaderos"

La amistad es un caudal de fortunas
que sustenta y engrandece la vida.
Barniz del alma, Manuela querida,
y el oropel de nuestras tristes lunas.
¡Cómo éramos cándidos en suiza
compartiendo días esplendorosos;
disfrutando de lances ingeniosos,
contigo joven psiquiatra y castiza!
Hoy me uno a este homenaje
sobrio, cordial y merecido,
con unas breves palabras en verso.
Brindo por ti, mujer; por tu universo
de psicoanalista... por tu linaje
y por tu bondad...¡siempre agradecido!

(A mi hija Claudia)

Cuando lo pienso
Casi nunca te imagino
Cantando conmigo...
Una cosa es decir que te quiero...
y otra, quererte
sin poderte decir nada.
¿Por qué será...
que no matamos
lo que amamos,
pero aniquilamos
a quien nos ama?
...
Combatiente has sido
en las duras etapas de la vida.
Nunca diste marcha atrás.
Ni aprendiste de lo malo.
Transformada siempre en lo mejor,
al fin llegaste a ser mujer
con la cabeza muy alta.
Gracias por estar aquí
ayudándome, hija mía...
a llevar con dignidad
mi paterna misión.

ORACIÓN

**Irradias destellos de luz otoñal
cuando contemplas
y acaricias con palabras dolientes
de textura esponjosa
los recónditos surcos
del sentimiento humano.
Te quiero y te deseo,
ahora compañera,
musa de mi atardecer,
blanca y plateada
como la luna llena.
No me desampares,
dóname tu voz y tu mirada,
mi dulce compañía…
y no me dejes nunca,
ni de noche, ni de día.**

CAPÍTULO IV

SOLSTICIO DE LO YERTO

Soñé que reposaba su cuerpo desnudo
sobre un diván de terciopelo,
y en sus manos
una copa de cristal
contenía vino añejo,
para brindar
por la vida y el amor,
junto a un hombre que la miraba
detrás de un espejo.
....
En realidad, todo fue,
tal que así,
como en un sueño.
Porque, aunque muchas veces lo creí,
nunca para ella fui
ni la sombra
de un tenue reflejo.

La mujer de mis sueños,
la que mi corazón amó,
al parecer...
sin querer partió
hacia un lejano lugar
donde el vacío y el olvido
compartían el invierno.
Aún quedan huellas de sus manos
en el espejo de mis ojos.
Aún la fragancia de su aliento
se esconde entre pliegues de mi boca

Aún el eco de su voz
recorre todo mi cuerpo
con un distraído temblor
y un profundo estremecimiento.
La mujer que mi corazón amó
al parecer…sin querer,
huyó a un paraje remoto
plagado de amnesia
y destierro.
Dentro de mi
aún conservo su figura
y en un cofre pequeño
sus cartas de amor.
Todo quedará conmigo
hasta el día de mi muerte
Y esperaré que el viento
me lo arrebate
para llevárselo a ningún sitio,
donde no imperará nunca
la música,
sino el más lúgubre silencio.
La mujer que amé como a mi vida
era de una extraña belleza.
Astuta como la serpiente,
y, a veces, timorata,
como una frágil paloma.
Esbelta como el cisne blanco
pero terrible…terrible en su faz oculta,
como la noche sin luna,
como la noche negra.
La mujer que amó mi corazón

preñada de acebuches verdes
y fragantes esencias marinas,
un día se ausentó
a un lugar frío y distante,
oscuro y desolado,
donde se desvanece el tiempo.
Otra vez ella
hoy baña su cuerpo
en charcos de lágrimas
vertidas por sus amantes.
Y, al parecer,
sigue todavía ignorándolo,
y sin saberlo.
La mujer que mi corazón amó
hoy puede, incluso, brindar
con la sangre
de muchas de sus víctimas,
ya sin consuelo.
Puros y blancos días,
antes de ayer,
ceñían su cintura de mujer.
Pero hoy lo ciñen
las oscuras tinieblas
de un triste atardecer.
La mujer que amé
no quiso entregar su corazón
al hombre que tanto la veneraba,
y se dejó fascinar por una ilusión,
como en los cuentos de niños,
de príncipes y de hadas.
Fascinada por un espejismo

despertó teniendo en las manos,
para su asombro…
una auténtica rana.
Buscando su príncipe azul,
o algo de libertad…quizás,
¡pudiera ser…!
¿quién lo sabrá?,
huyó como un alma en pena
al país del vacío y del olvido,
donde los córvidos reinan
y donde ya no queda nada,
pero nada… nada de ella.
Quiero destilar
hoy mi desencanto
poniéndole voz al desamor
y unas cuantas síncopas
a mi oscura pena.
Quiero brindar con música,
por la derrota,
sin odio y sin violencia.
Quiero hacerlo con dignidad;
desde los estrictos confines
de la poesía
y de la belleza.

UNA ESFINGE SIN PUNDONOR

¡Ay, cruel cantora!
Musa de los muertos.
Pájaro de mal agüero.
Hembra enigmática
que engendra la mala suerte.
Amor de los suicidas.
Sombra de los iluminados.
Contraportada de la necrópolis...
Capaz fuiste
de matar la ilusión
por egoísmo.
Incluso la del fruto de tus entrañas
desmintiendo el nombre del padre.
Mujer de palabra vacía,
caduca y falaz...
Mi voz será el fin de tu locura.
Vanidosa de lo propio
Pobre de amor y caridad.
Esfinge de cera invisible
No te maldigo ya,
ni te bendigo.
Porque al fin nadie será para ti
cuando envejezcas
y el magnetismo centrípeto

que inunda tus pulmones
se ahogue con gritos de socorro.
¡Qué dolor, pero qué gozo
haberte reconocido!
¿Qué alegría, pero qué tristeza
ponerte al descubierto!
Todo mi pesar, finalmente,
a pesar de lo negado y lo dicho,
terminará cediendo
por amor a nuestros hijos…
frutos de tu vientre,
ahora estéril,
pero fecundado por mi
en un pasado glorioso.

<u>LA VENUS DEL ESPEJO APUÑALADA</u>
El 10 de marzo de 1914, la sufragista Mary
Richardson
se coló en la "National Gallery" y acuchilló siete
veces a
La Venus del espejo' de Velázquez.

¿Era inocente Venus,
diosa de la belleza,
creada para la eternidad?
¿Eran pérfidos todos los mortales
que observaban fascinados
su figura suave y ondulada
y su reflejo especular?
¿Eran obscenas,
aquella piel desnuda
y sus nalgas torneadas,
representantes eternos
de lo femenil excepcional?

La diosa del amor,
la criatura de Velázquez,
pintada sublime y carnal,
por su genial y amante creador,
seductora en su escorzo voluptuoso,
infinita en su alabeo,
recibió siete puñaladas,
con toda la mala intención
de quebrar su inmortalidad,

por la espalda y a traición.
¿Razones políticas?... quizás las hubo.
¿O fue todo, más bien,
compulsiva envidia estética…?
¡Qué se yo!
La fratricida sufragista
justiciera y enemiga de lo bello,
fémina y feminista
(con algo quizás de razón),
en su desvarío extremo,
no pudo tolerar
ni la envidia, ni el odio, ni el dolor,
ni la humillación insufrible
ni la ofensa recibida
contra ella, mujer invisible,
por aquella otra hembra
admirada en el mundo entero.
La hermosura llegó a ser para ella,
un excesivo lujo, al fin,
que mortificaba su corazón
de persona intransigente.

La fratricida sufragista
orgullosa de ser
fémina y feminista,
cambió el pincel por el hacha;
y la pulsión de vida
por un atroz deseo de muerte
Así la injuria del ángel caído
se abatió, en puñalada certera,
contra el esplendor

de la diosa verdadera.
Desgraciada,
pero…
inútilmente.

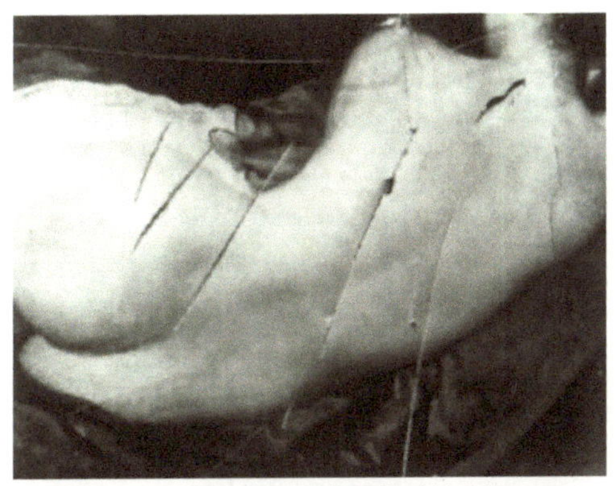

La Venus del Espejo de Velázquez, apuñalada
(Imagen copiada de un diario de la época)

Venus de Velázquez

"Carmen" adorada o el símbolo del Paraíso

**Oh, mujer…
Una idea verdaderamente increíble
fue colocarte más allá de mis principios…
Más allá de mis placeres.
Oh, mujer…
Objeto absoluto mío fuiste
sin arriesgar nada.
Siendo carne de mi carne
y pena de mi pena,
en el lugar del ser
te instalé como una paradoja
irreconciliable
y como el objeto de mi deseo.
Era inhumano todo lo que sentía
cuando cruzaba miradas
por tu semblante misterioso.
No eras carnal
sino un vacío exquisito de promesas:
el Bien y el Mal supremos,
condensados a un palmo de tu ombligo.
Oh, mujer…
No pude hasta muy tarde
comprender tus advertencias:
"L'amour est un oiseau rebelle
que nul ne peut apprivoiser…"
"L'amour et un enfant bohème
qui n'a jamais connu de lois…"
"Si tu ne m'aimes pas je t'aime…
Si je t'aime prend garde à toi"**

Iluso me sumergí en la fe
del espejismo puro de tu cuerpo
sin atender tu admonición…
Y allí se desveló la cruda realidad
que escondía lo imaginario
de mi sueño.

UN POBRE NIÑO DIOS

Canción de Navidad (Villancico) para cantar todos los días del año
(Letra. y música: Francisco Muñoz-Martin)
(www.franciscomuñoz-martin.es)

El niño Jesús en su pesebre representa a todos los niños pobres del mundo. ¡¡Contra la pobreza infantil!!

Feliz Navidad para todos los niños pobres, emigrantes y sin hogar del mundo

Tenemos que ir a verle
Porque es un niño-dios
Nació en un mundo pobre
de paja y de cartón.
Nadie va a ir a buscarle
Su ángel no le anunció
Ni pastores ni Reyes
Pero es hijo de Dios.
Es un niño estrellado
bajo la luz del sol.
La cruz lo espera siempre
y no es el Salvador
No tiene ni un juguete,
peluches, ni tambor.
Tenemos que ir a verle
y darle nuestro amor.
Su padre no trabaja
de casa se marchó.
Su madre está en la calle.
Nadie le da calor.
Su madre no es la Virgen.

No está en gracia de Dios.
No sabe hacer milagros
pero es hijo de Dios.
Es un niño estrellado
bajo la luz del sol
La cruz lo espera siempre
y no es el Salvador.
No tiene ni un juguete
peluches ni tambor.
Tenemos que ir a verle
y darle nuestro amor
Para que no esté triste
porque es hijo de Dios.

UN CANTO A LA VIDA
(Canción de Navidad)
Letra y música: Fco. Muñoz-Martin
(https://franciscomuñoz-martin.es/)

**La estrella de oriente
Ilumina el cielo
guiando a los hombres
en su desconcierto.
Llegó ya el momento
de darse un abrazo.
Hoy es Navidad
juntemos las manos.**

**Es tiempo de paz.
Tiempo de alegría.
Tiempo de gozar,
que nadie lo impida.
Es tiempo de paz.
Tiempo de alegría.
Tiempo de elevar
un canto a la vida.**

A mi hija Clara

Ágil y risueña.
Tierna y vulnerable.
Hambrienta de amor.
Luchadora incansable.

Una idea te ofrezco…

Haz como el pájaro
posado en el árbol
e inseguro en las ramas.

Prepárate para volar.
Si el viento te impulsa:
¡Confía en tus alas!

Canción dedicada a todos los niños de la calle del mundo.

La infancia es nuestro futuro.
No más pobreza infantil.
Protejamos la infancia.

GAMINES

Letra: Fernando Márquez y Fco. Muñoz-Martin
Música: Francisco Muñoz-Martin
Producción musical: Javier López
(CargoMusic)
(https://franciscomuñoz-martin.es)

¿Quién se acordará
de aquella flor
que buscaba un rincón
donde pasar la noche?
¿Quién se acordará del niño aquel
que vendía su edad
entre cientos de coches?
¿Quién se acordará
de aquel ratón
cuya luz se apagó
al llegar el invierno?
¿Quién se acordará
de su ilusión
al mirar el pastel

o el peluche más tierno?

La gran ciudad amaneció
un día más,
con la muerte infantil
reflejada en la cara.
Y sin que nadie lo llore
se perdió otro Gamín.

(Letra hablada):
Hoy, yo aquí me manifiesto
Quiero prestarle mi voz
a los niños de la calle.
Hay algo que yo no entiendo
y me agita el corazón.
Cuántos niños y niñas inocentes
nacen sin la bendición de sus
padres,
que olvidaron, por desgracia,
que no es una maldición
engendrar y criar hijos,
sino un gesto de amor
Hoy yo, aquí, me manifiesto
y quiero que sea un clamor.
A los niños de la calle
les dedico esta canción.

¡Quién puede ocultar
con caridad la mirada feroz
de los cachorros pobres?
¿Quién puede pagar todo el dolor
y la rabia que da vivir sin que te
sobre?
¿Quién puede borrar la soledad
del que no conoció más hogar que
cartones?
¿Quién puede ocultar la reacción
que provoca sentir sombra en los
corazones?
La gran ciudad amaneció
un día más
con la muerte infantil
reflejada en la cara.
Y sin que nadie lo llore
ya se perdió otro Gamín.
¿Quién se acordará de ellos
en medio de la gran ciudad?

UNA TERRIBLE PESADILLA

Si algún día, lector,
-y que Dios no lo quiera-
la luz del amanecer,
de repente, se tiñera
con el resplandor
del mortífero hongo atómico…

Entonces la humana razón,
aprisionada siempre
en una oscura duda,
por una grave aflicción
y preñado de oscuras tinieblas
su confuso y herido corazón,
comprobará finalmente
que los cavernícolas humanos,
por su violencia y el odio,
encadenados,
cambiaron desgraciadamente
la verdad y el amor humanos
por una pesadilla de destrucción.

PALABRAS PARA UN SENCILLO EPITAFIO

**Ambicionar la perfección
y perseguir ideales imposibles
puede llevarnos a envilecer
y pervertir nuestros buenos
propósitos…
Por eso busqué más allá,
en el ecuador de mi existencia,
otros sueños y nuevas ilusiones,
entornando los ojos
para ver más y mejor
la humanidad que nos abraza
y la naturaleza que nos protege.**

**Contemplando de nuevo la vida
con todo mi deseo,
pude imaginarme siendo otra vez
algo más libre…
desvelando mentiras,
recorriendo senderos escondidos
y paseando de nuevo
por las infinitas playas del mundo.**

Apreciando y disfrutando
la belleza mundana,
el ciego y entusiasta amor,
la entrañable ternura,
el culto al cuerpo,
las sutiles y animadas
charlas de trabajo
sobre lo bueno y lo mejor...
y las alegres farras,
fruto de atroces
e inevitables desazones...
Pero siempre bien abrigado
por mi querida gente
y por los más cercanos
y neutrales amigos.

Llegando, así pues,
al intermedio de mi existencia ...
navegando esforzadamente
con un caudal nuevo de ilusiones,
desembarqué en otros lugares
para intentar dejar alguna huella
en este providencial terruño.

Rastros que duraran poco.
Así me parece... y así lo imagino...

casi un instante.

**Pero pienso
que habrá merecido la pena vivir,
luchar y superar reiterados trances
si, con el paso del tiempo,
alguien pudiera recordarme
como un buen compañero
y un hombre casi feliz,
combatiendo tenazmente
por un mundo tolerante,
saludable, justo…
y cada vez más libre.**

Francisco Muñoz-Martín es músico, escritor, psicólogo clínico y psicoanalista, miembro titular didacta de la Asociación Psicoanalítica de Madrid (APM), de la Federación Europea de Psicoanálisis (FEP) y de la Asociación Internacional de Psicoanálisis. Premio Jaime Tomás del IEPPM (Instituto de Estudios Psicosomáticos y Psicoterapia Médica). Autor de numerosos artículos científicos, educativos y culturales y de más de doce libros acerca de la psicología de adultos, niños y adolescentes